Mis Ciclos Femeninos

Del año ____

Catalina Carrasco Gallegos

En el nivel de la forma, hay nacimiento y muerte, creación y destrucción, crecimiento y disolución de las formas aparentemente separadas. Esto se refleja en todas partes: en el ciclo vital de una estrella o un planeta, un cuerpo físico, un árbol, una flor, en el surgimiento y la caída de las naciones, los sistemas políticos, las civilizaciones; y en los inevitables ciclos de ganancia y pérdida de la vida de un individuo.

Hay ciclos de éxito cuando las cosas vienen a nosotros y prosperan, y ciclos de fracaso cuando se retiran o desintegran y debemos dejarlas ir para hacer espacio a que surjan cosas nuevas, o para que ocurra la transformación. Si nos aferramos y nos resistimos a este punto, significa que estamos rehusando seguir el flujo de la vida y sufriremos.

No es cierto que el ciclo ascendente sea bueno y el descendente malo, excepto en el juicio de la mente. El crecimiento se considera positivo habitualmente, pero nada puede crecer por siempre. Si el crecimiento de cualquier tipo, continuara por siempre, se volvería eventualmente monstruoso y destructivo. Se necesita la disolución para que pueda ocurrir nuevo crecimiento. Uno no puede existir sin la otra.

... Nuestra energía física también está sujeta a ciclos. No puede estar siempre en un tope. Habrá épocas de energía baja así como otras de energía alta. Habrá periodos de mucha creatividad y actividad, pero también puede haber otros en los que todo parece estar estancado, cuando parece que no llegamos a ninguna parte, no logramos nada. Un ciclo puede durar desde unas horas hasta varios años. Hay grandes ciclos y ciclos cortos dentro de los largos. Muchas enfermedades se producen por luchar contra los ciclos de energía baja, que son vitales para la regeneración. La compulsión a actuar y la tendencia a derivar su sentido del propio valor y de la identidad de factores externos tales como el éxito, es una ilusión inevitable mientras estemos identificadas con la mente.

El Poder del Ahora
Eckhart Tolle
Página 68

Catalina Carrasco Gallegos

Registro de Mis Ciclos

Las tablas siguientes, están diseñadas para que vayas registrando dia a dia los aspectos más relevantes de tu ciclo hormonal. Es decir la próxima vez que tu flujo baje, será el dia 1 de tu ciclo 1, en la columna del lado registras que fecha calendario es ese dia. En la columna siguiente registras que día y fase lunar es (considerando que el primer dia de luna nueva es el dia 1 del ciclo lunar). La columna del flujo menstrual le pones un 'SI' o un check para registrar que ese dia te encuentras con tu flujo descendiendo. En la columna siguiente escribe un 'SI' o un check si es que tienes actividad sexual, ya sea contigo misma o con alguien más. La siguiente columna registra la temperatura corporal, la cual debes tomar con un termómetro en la axila. La siguiente columna registra, si es que lo hubiera, cualquier síntoma o malestar que tengas ese día. Y en la ultima columna cualquier sentimiento, pensamiento u observación que sea relevante en tu día.

De todas maneras al final del libro encontraras ejemplos concretos de como llenar las tablas.

Al final de todas las tablas de los ciclos de este año, encontraras un listado de sentimientos y emociones que puedes consultar para identificar lo que en tu interior mora, si es que te es difícil reconocerlo.

Asi mismo, también encontraras una lista de síntomas reconocidos como pertinentes al síndrome premenstrual o como yo lo denomino ciclo hormonal.

Catalina Carrasco Gallegos_____

Día del Ciclo	Fecha	Día y Fase Lunar	💧	♥	T°	Síntoma
1						
2						
3						
4						
5						
6						
7						
8						
9						
10						
11						
12						
13						
14						
15						
16						
17						
18						
19						
20						
21						
22						
23						
24						
25						
26						
27						
28						
29						
30						

💧 : Flujo Menstrual   ♥ : Actividad Sexual   T°: Temperatura corpral

_____Mis Ciclos Femeninos

Día del Ciclo	Lo que pienso, siento u observo...
1	
2	
3	
4	
5	
6	
7	
8	
9	
10	
11	
12	
13	
14	
15	
16	
17	
18	
19	
20	
21	
22	
23	
24	
25	
26	
27	
28	
29	
30	

Ciclo 1

Catalina Carrasco Gallegos_____

Día del Ciclo	Fecha	Día y Fase Lunar	💧	♥	T°	Síntoma
1						
2						
3						
4						
5						
6						
7						
8						
9						
10						
11						
12						
13						
14						
15						
16						
17						
18						
19						
20						
21						
22						
23						
24						
25						
26						
27						
28						
29						
30						

💧: Flujo Menstrual   ♥: Actividad Sexual   T°: Temperatura corporal

_____Mis Ciclos Femeninos

Día del Ciclo	Lo que pienso, siento u observo...
1	
2	
3	
4	
5	
6	
7	
8	
9	
10	
11	
12	
13	
14	
15	
16	
17	
18	
19	
20	
21	
22	
23	
24	
25	
26	
27	
28	
29	
30	

Ciclo 2

Catalina Carrasco Gallegos

Día del Ciclo	Fecha	Día y Fase Lunar	💧	♥	T°	Síntoma
1						
2						
3						
4						
5						
6						
7						
8						
9						
10						
11						
12						
13						
14						
15						
16						
17						
18						
19						
20						
21						
22						
23						
24						
25						
26						
27						
28						
29						
30						

💧: Flujo Menstrual   ♥: Actividad Sexual   T°: Temperatura corpral

Mis Ciclos Femeninos

Día del Ciclo	Lo que pienso, siento u observo...
1	
2	
3	
4	
5	
6	
7	
8	
9	
10	
11	
12	
13	
14	
15	
16	
17	
18	
19	
20	
21	
22	
23	
24	
25	
26	
27	
28	
29	
30	

Ciclo 3

Catalina Carrasco Gallegos_____

Día del Ciclo	Fecha	Día y Fase Lunar	💧	♥	T°	Síntoma
1						
2						
3						
4						
5						
6						
7						
8						
9						
10						
11						
12						
13						
14						
15						
16						
17						
18						
19						
20						
21						
22						
23						
24						
25						
26						
27						
28						
29						
30						

💧: Flujo Menstrual   ♥: Actividad Sexual   T°: Temperatura corporal

_____Mis Ciclos Femeninos

Día del Ciclo	Lo que pienso, siento u observo...
1	
2	
3	
4	
5	
6	
7	
8	
9	
10	
11	
12	
13	
14	
15	
16	
17	
18	
19	
20	
21	
22	
23	
24	
25	
26	
27	
28	
29	
30	

Ciclo 4

Catalina Carrasco Gallegos_____

Día del Ciclo	Fecha	Día y Fase Lunar	💧	♥	T°	Síntoma
1						
2						
3						
4						
5						
6						
7						
8						
9						
10						
11						
12						
13						
14						
15						
16						
17						
18						
19						
20						
21						
22						
23						
24						
25						
26						
27						
28						
29						
30						

💧: Flujo Menstrual   ♥: Actividad Sexual   T°: Temperatura corporal

_____Mis Ciclos Femeninos

Día del Ciclo	Lo que pienso, siento u observo...
1	
2	
3	
4	
5	
6	
7	
8	
9	
10	
11	
12	
13	
14	
15	
16	
17	
18	
19	
20	
21	
22	
23	
24	
25	
26	
27	
28	
29	
30	

Ciclo 5

Catalina Carrasco Gallegos_____

Día del Ciclo	Fecha	Día y Fase Lunar	💧	♥	T°	Síntoma
1						
2						
3						
4						
5						
6						
7						
8						
9						
10						
11						
12						
13						
14						
15						
16						
17						
18						
19						
20						
21						
22						
23						
24						
25						
26						
27						
28						
29						
30						

💧: Flujo Menstrual   ♥: Actividad Sexual   T°: Temperatura corporal

_____Mis Ciclos Femeninos

Día del Ciclo	Lo que pienso, siento u observo...
1	
2	
3	
4	
5	
6	
7	
8	
9	
10	
11	
12	
13	
14	
15	
16	
17	
18	
19	
20	
21	
22	
23	
24	
25	
26	
27	
28	
29	
30	

Ciclo 6

Catalina Carrasco Gallegos_____

Día del Ciclo	Fecha	Día y Fase Lunar	💧	♥	T°	Síntoma
1						
2						
3						
4						
5						
6						
7						
8						
9						
10						
11						
12						
13						
14						
15						
16						
17						
18						
19						
20						
21						
22						
23						
24						
25						
26						
27						
28						
29						
30						

💧: Flujo Menstrual   ♥: Actividad Sexual   T°: Temperatura corpral

_____Mis Ciclos Femeninos

Día del Ciclo	Lo que pienso, siento u observo...
1	
2	
3	
4	
5	
6	
7	
8	
9	
10	
11	
12	
13	
14	
15	
16	
17	
18	
19	
20	
21	
22	
23	
24	
25	
26	
27	
28	
29	
30	

Ciclo 6

Catalina Carrasco Gallegos_____

Día del Ciclo	Fecha	Día y Fase Lunar	💧	♥	T°	Síntoma
1						
2						
3						
4						
5						
6						
7						
8						
9						
10						
11						
12						
13						
14						
15						
16						
17						
18						
19						
20						
21						
22						
23						
24						
25						
26						
27						
28						
29						
30						

💧: Flujo Menstrual   ♥: Actividad Sexual   T°: Temperatura corporal

_____Mis Ciclos Femeninos

Día del Ciclo	Lo que pienso, siento u observo...
1	
2	
3	
4	
5	
6	
7	
8	
9	
10	
11	
12	
13	
14	
15	
16	
17	
18	
19	
20	
21	
22	
23	
24	
25	
26	
27	
28	
29	
30	

Ciclo 7

Catalina Carrasco Gallegos_____

Día del Ciclo	Fecha	Día y Fase Lunar	💧	♥	T°	Síntoma
1						
2						
3						
4						
5						
6						
7						
8						
9						
10						
11						
12						
13						
14						
15						
16						
17						
18						
19						
20						
21						
22						
23						
24						
25						
26						
27						
28						
29						
30						

💧 : Flujo Menstrual   ♥ : Actividad Sexual   T°: Temperatura corporal

_____Mis Ciclos Femeninos

Día del Ciclo	Lo que pienso, siento u observo...
1	
2	
3	
4	
5	
6	
7	
8	
9	
10	
11	
12	
13	
14	
15	
16	
17	
18	
19	
20	
21	
22	
23	
24	
25	
26	
27	
28	
29	
30	

Ciclo 8

Catalina Carrasco Gallegos _____

Día del Ciclo	Fecha	Día y Fase Lunar	💧	♥	T°	Síntoma
1						
2						
3						
4						
5						
6						
7						
8						
9						
10						
11						
12						
13						
14						
15						
16						
17						
18						
19						
20						
21						
22						
23						
24						
25						
26						
27						
28						
29						
30						

💧: Flujo Menstrual   ♥: Actividad Sexual   T°: Temperatura corporal

_____Mis Ciclos Femeninos

Día del Ciclo	Lo que pienso, siento u observo...
1	
2	
3	
4	
5	
6	
7	
8	
9	
10	
11	
12	
13	
14	
15	
16	
17	
18	
19	
20	
21	
22	
23	
24	
25	
26	
27	
28	
29	
30	

Ciclo 8

Catalina Carrasco Gallegos_____

Día del Ciclo	Fecha	Día y Fase Lunar	💧	♥	T°	Síntoma
1						
2						
3						
4						
5						
6						
7						
8						
9						
10						
11						
12						
13						
14						
15						
16						
17						
18						
19						
20						
21						
22						
23						
24						
25						
26						
27						
28						
29						
30						

💧: Flujo Menstrual   ♥: Actividad Sexual   T°: Temperatura corporal

_____Mis Ciclos Femeninos

Día del Ciclo	Lo que pienso, siento u observo...
1	
2	
3	
4	
5	
6	
7	
8	
9	
10	
11	
12	
13	
14	
15	
16	
17	
18	
19	
20	
21	
22	
23	
24	
25	
26	
27	
28	
29	
30	

Ciclo 9

Catalina Carrasco Gallegos_____

Día del Ciclo	Fecha	Día y Fase Lunar	💧	♥	T°	Síntoma
1						
2						
3						
4						
5						
6						
7						
8						
9						
10						
11						
12						
13						
14						
15						
16						
17						
18						
19						
20						
21						
22						
23						
24						
25						
26						
27						
28						
29						
30						

💧: Flujo Menstrual   ♥: Actividad Sexual   T°: Temperatura corpral

_____Mis Ciclos Femeninos

Día del Ciclo	Lo que pienso, siento u observo...
1	
2	
3	
4	
5	
6	
7	
8	
9	
10	
11	
12	
13	
14	
15	
16	
17	
18	
19	
20	
21	
22	
23	
24	
25	
26	
27	
28	
29	
30	

Ciclo 10

Catalina Carrasco Gallegos_____

Día del Ciclo	Fecha	Día y Fase Lunar	💧	♥	T°	Síntoma
1						
2						
3						
4						
5						
6						
7						
8						
9						
10						
11						
12						
13						
14						
15						
16						
17						
18						
19						
20						
21						
22						
23						
24						
25						
26						
27						
28						
29						
30						

💧: Flujo Menstrual   ♥: Actividad Sexual   T°: Temperatura corpral

_____Mis Ciclos Femeninos

Día del Ciclo	Lo que pienso, siento u observo...
1	
2	
3	
4	
5	
6	
7	
8	
9	
10	
11	
12	
13	
14	
15	
16	
17	
18	
19	
20	
21	
22	
23	
24	
25	
26	
27	
28	
29	
30	

Ciclo 11

Catalina Carrasco Gallegos_____

Día del Ciclo	Fecha	Día y Fase Lunar	💧	♥	T°	Síntoma
1						
2						
3						
4						
5						
6						
7						
8						
9						
10						
11						
12						
13						
14						
15						
16						
17						
18						
19						
20						
21						
22						
23						
24						
25						
26						
27						
28						
29						
30						

💧: Flujo Menstrual   ♥: Actividad Sexual   T°: Temperatura corporal

_____Mis Ciclos Femeninos

Día del Ciclo	Lo que pienso, siento u observo...
1	
2	
3	
4	
5	
6	
7	
8	
9	
10	
11	
12	
13	
14	
15	
16	
17	
18	
19	
20	
21	
22	
23	
24	
25	
26	
27	
28	
29	
30	

Ciclo 12

Catalina Carrasco Gallegos_____

Día del Ciclo	Fecha	Día y Fase Lunar	💧	♥	T°	Síntoma
1						
2						
3						
4						
5						
6						
7						
8						
9						
10						
11						
12						
13						
14						
15						
16						
17						
18						
19						
20						
21						
22						
23						
24						
25						
26						
27						
28						
29						
30						

💧: Flujo Menstrual   ♥: Actividad Sexual   T°: Temperatura corporal

_____Mis Ciclos Femeninos

Día del Ciclo	Lo que pienso, siento u observo...
1	
2	
3	
4	
5	
6	
7	
8	
9	
10	
11	
12	
13	
14	
15	
16	
17	
18	
19	
20	
21	
22	
23	
24	
25	
26	
27	
28	
29	
30	

Ciclo 13

Resumen de Mis Ciclos

Aquí registra que sentimiento fue el más característico en cada día de tu ciclo. Lo más importante después, es mirarlo con retrospectiva y distancia, notando que volveremos a estar bien, por muy mal que nos estemos sintiendo en algún momento.

Es valioso aceptar que nuestro cambio hormonal nos influye en nuestros sentimientos, emociones, pensamientos y síntomas físicos. Así como también nos afectan tantos otros cambios, ejemplo el clima, si el sol está muy fuerte un día de verano (pick de temperatura) es natural sentir calor, un poco hinchada, lenta, cansada, sudoración, sino pones el cuidado podrías tener deshidratación o dolerte la cabeza y muchas otras sensaciones más; bueno así como en un día de 40°C lo más recomendable es moverse poco, hidratarse harto, aceptar la sudoración, buscar la sombra, la brisa de aire... especialmente si no están dadas las circunstancias para estar en una piscina.

Lo importante de conocer como nos sentimos en cada etapa del ciclo y entender que es normal, es saber que unos días nuestra energía estará bajita y unos días más nos sentiremos nuevamente rebosantes de energía! Tanto mejor si podemos sacar partido de ese flujo... regalonearnos, descansar y meditar cuando estemos más recogidas y darle con todo a lo que sea que hallamos reflexionado antes, cuando estamos en la cumbre de nuestras fuerzas. Es como jugar monopolis, gastas y pierdes dinero en toda la vuelta, pero ya pasaras por la partida y recibirás dinero solo por pasar por ahí.

Mis Ciclos Femeninos

Sentimientos y Emociones

Emociones en control.
Alegría.
Libres
Ligeras
Agiles
Rejuvenecidas.
Productivas.
Independientes.
Impulsos en control.
Vitalidad.
Seguras.
En armonía.
En flujo con la vida.
Atractivas
Con fuerte impulsos de seducción.
Conectadas con la emoción, lloramos y gritamos lo que antes callamos.
Sentimos ganas de quedarnos en casa.
Sensible
Introvertida.
Nos cuesta reprimir emociones y necesidades.
Nos sentimos confundidas.
Más intuición.
Inquieta.
Emoción a flor de piel.
Extrema sensibilidad.
Sentimos la necesidad de trascendencia.
Te sientes llena de energía.
Te sentirás especialmente bien.
Te sientes más perceptiva.
De mal humos
Propensa a dar portazos o tener ataques de llanto.
Te sientes vulnerable
Triste
Cambios de humor, estas feliz, luego triste y después enojada sin saber por qué.
Irritabilidad
Ansiedad
Depresión
Apatía
Perdida de interés por las cosas
No te apetece hacer aquello que normalmente te divierte.
Problemas de concentración
Juguetona
Liviana.
Ganas de relacionarnos y divertirnos.
Amorosa
Comunicativa.
Nos entregamos a quienes nos rodean.
Nos comunicamos fácil.
Nos entendemos con los otros.
Dramática.
Con mayor conflicto en las relaciones.
Profundas.
Relaciones intensas y menos controladas

Catalina Carrasco Gallegos_____

Día	Ciclo 1	Ciclo 2	Ciclo 3	Ciclo 4	Ciclo 5	Ciclo 6	Ciclo 7
1							
2							
3							
4							
5							
6							
7							
8							
9							
10							
11							
12							
13							
14							
15							
16							
17							
18							
19							
20							
21							
22							
23							
24							
25							
26							
27							
28							
29							
30							

Dia	Ciclo 8	Ciclo 9	Ciclo 10	Ciclo 11	Ciclo 12	Ciclo 13
1						
2						
3						
4						
5						
6						
7						
8						
9						
10						
11						
12						
13						
14						
15						
16						
17						
18						
19						
20						
21						
22						
23						
24						
25						
26						
27						
28						
29						
30						

Resumen de Mis Ciclos de Sentimientos y Emociones

Síntomas del Ciclo Hormonal

Agresividad
Ansias de comer dulces
Ansias de comer sal
Ansiedad o angustia
Asma
Atracones de comida
Cambios en los impulsos sexuales
Cansancio
Confusión
Convulsiones
Depresión
Desmayos
Dificultades de coordinación
Dificultades visuales
Dificultades urinarias
Dolor de cabeza
Dolor de espalda
Dolores abdominales
Edemas
Hemorroides
Herpes
Hinchazón abdominal

Hinchazón y dolor de las articulaciones
Hinchazón y dolor de los pechos
Inestabilidad emocional
Insomnio
Intolerancia al alcohol
Introversión
Alejamiento de los demás
Ira
Irritabilidad
Irritación de garganta
Letargo
Migraña
Moretones
Náuseas
Orzuelos
Palpitaciones cardiacas
Pensamientos suicidas
Problemas de senos nasales
Propensión a los accidentes
Urticaria

Luna	Ciclo 1	Ciclo 2	Ciclo 3	Ciclo 4	Ciclo 5	Ciclo 6	Ciclo 7
1							
2							
3							
4							
5							
6							
7							
8							
9							
10							
11							
12							
13							
14							
15							
16							
17							
18							
19							
20							
21							
22							
23							
24							
25							
26							
27							
28							
29							
30							

Mis Ciclos Femeninos

Luna	Ciclo 8	Ciclo 9	Ciclo 10	Ciclo 11	Ciclo 12	Ciclo 13
1						
2						
3						
4						
5						
6						
7						
8						
9						
10						
11						
12						
13						
14						
15						
16						
17						
18						
19						
20						
21						
22						
23						
24						
25						
26						
27						
28						
29						
30						

Resumen Anual de Mis Ciclos

Mis Ciclos Femeninos

Ejemplo de llenado de los datos...

Catalina Carrasco Gallegos_____

Día del Ciclo	Fecha	Día y Fase Lunar	💧	♥	T°	Síntoma
1	Lu 5 enero	15 Luna Llena	➡		35.9	Dolor Ovarios
2	Ma 6 enero	16 Luna Menguante	➡		36.0	
3	Mi 7 enero	17 Luna Menguante	➡		36.3	Dolor Cabeza
4	Ju 8 enero	18 Luna Menguante	➡		35.8	
5	Vi 9 enero	19 Luna Menguante	➡		36.1	Migraña
6	Sa 10 enero	20 Luna Menguante			36.0	
7	Do 11 enero	21 Luna Menguante		➡	36.1	Insomnio
8	Lu 12 enero	22 Luna Menguante			36.1	Insomnio
9	Ma 13 enero	23 Luna Menguante			35.7	Insomnio
10	Mi 14 enero	24 Luna Menguante			35.7	
11	Ju 15 enero	25 Luna Menguante			36.0	
12	Vi 16 enero	26 Luna Menguante		➡	36.1	
13	Sa 17 enero	27 Luna Menguante		➡	36.2	
14	Do 18 enero	28 Luna Menguante			35.3	
15	Lu 19 enero	29 Luna Menguante			35.0	
16	Ma 20 enero	1 Luna Nueva			35.7	
17	Mi 21 enero	2 Luna Creciente			36.1	
18	Ju 22 enero	3 Luna Creciente			36.4	
19	Vi 23 enero	4 Luna Creciente			36.1	
20	Sa 24 enero	5 Luna Creciente		➡	36.0	
21	Do 25 enero	6 Luna Creciente			36.6	
22	Lu 26 enero	7 Luna Creciente			36.2	
23	Ma 27 enero	8 Cuarto Creciente			36.4	
24	Mi 28 enero	9 Luna Creciente			36.3	
25	Ju 29 enero	10 Luna Creciente			36.4	
26	Vi 30 enero	11 Luna Creciente		➡	36.0	
27	Sa 31 enero	12 Luna Creciente			36.6	
28	Do 1 febrero	13 Luna Creciente			36.5	
29	Lu 2 febrero	14 Luna Creciente		➡	36.5	Dolor Espalda
30	Ma 3 febrero	15 Luna Creciente			36.5	Ansias comer

💧: Flujo Menstrual   ♥: Actividad Sexual   T°: Temperatura corporal

_____Mis Ciclos Femeninos

Día del Ciclo	Lo que pienso, siento u observo...
1	Me siento confundida, sensible e introvertida
2	
3	
4	
5	
6	
7	
8	
9	
10	
11	
12	
13	
14	
15	
16	
17	
18	
19	
20	
21	
22	
23	
24	
25	
26	
27	
28	Si este día llega tu flujo nuevamente,
29	entonces es el día 1 de tu siguiente ciclo.
30	En la siguiente página registra tus datos.

Ciclo 1...

Catalina Carrasco Gallegos

Resumen Anual de Mis Ciclos

Luna	Ciclo 1	Ciclo 2	Ciclo 3	Ciclo 4	Ciclo 5	Ciclo ...
	15 Luna Llena	16 Luna Llena	15 Luna Llena	13 L. Creciente		
1	5 Enero 💧😊	4 Feb 💧😊	5 Mar 💧😊	2 Abril 💧		
2	💧					
3	💧😊	💧	💧	💧😊		
4	💧	💧	💧😊	💧		
5	💧😊	💧	💧	💧		
6				💧😊		
7	♥ 😊					
8	😊			♥		
9	😊		😊			
10				♥		
11		♥				
12	♥			😊		
13	♥					
14		😊				
15		♥	Ovulación			
16		Ovulación	♥	♥		
17	Ovulación	😊	♥	♥ Ovulación		
18			♥			
19						
20	♥					
21		♥				
22						
23				♥		
24			♥	♥		
25						
26	♥					
27		♥	😊			
28			♥	😊		
29	♥ 😊	😊				
30	😊					

_____Mis Ciclos Femeninos

Día	Ciclo 1	Ciclo 2	Ciclo 3	Ciclo 4	Ciclo 5	Ciclo ...
1	Confundida					
2						
3						
4						
5						
6						
7						
8						
9						
10						
11						
12						
13						
14						
15						
16						
17						
18						
19						
20						
21						
22						
23						
24						
25						
26						
27						
28						
29						
30						

Resumen de Mis Ciclos de Sentimientos y Emociones

_____Mis Ciclos Femeninos

Día	Ciclo 1	Ciclo 2	Ciclo 3	Ciclo 4	Ciclo 5	Ciclo ...
1	Confundida					
2						
3						
4						
5						
6						
7						
8						
9						
10						
11						
12						
13						
14						
15						
16						
17						
18						
19						
20						
21						
22						
23						
24						
25						
26						
27						
28						
29						
30						

Resumen de Mis Ciclos de Sentimientos y Emociones

Fuentes de Aprendizaje para este Conocimiento

Listo a continuación los títulos de las lecturas que me inspiraron a la autoobservacion.

- Cuerpo De Mujer Sabiduria De Mujer - Christiane Northoup.

- El Libro de la Mujer Consciente – Elfa Vanya.

- Viaje al Ciclo Menstrual – Anna Salvia.

- Manual introductorio a la Ginecologia Natural – Pabla Perez San Martin

- Todo lo que una Chica Debe Saber Sobre su Periodo – Jane Feinmann

www.ingramcontent.com/pod-product-compliance
Lightning Source LLC
Chambersburg PA
CBHW081354040426
42450CB00016B/3439